Books Bear

布克熊童书

会 讲 故 事 的 童 书

聂青 著
中采绘画 绘

孩子必看的
世界顶级博物馆

MUSÉE DU LOUVRE

卢浮宫博物馆

光明日报出版社

目录

 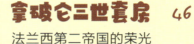

包罗万象的艺术殿堂

卢浮宫坐落在法国巴黎的塞纳河畔，是世界上最古老、最著名的博物馆之一。卢浮宫始建于13世纪初，原本是一座军事堡垒，在后来的岁月中逐步扩建，到18世纪才建成现有的规模。

卢浮宫里什么都有

如今，卢浮宫已经成为一座庞大的艺术殿堂，建筑群分为三部分：叙利馆、黎塞留馆、德农馆。包括古代埃及艺术、古代希腊罗马艺术、古代东方艺术、中世纪和文艺复兴时期雕刻艺术、工艺美术、绘画艺术六个门类，共有展览大厅198个，藏品数量在40万件以上。保罗·塞尚曾说过："我觉得，卢浮宫里什么都有，任何艺术品只要进了卢浮宫，就会为人们所接受和喜爱。"我相信，只要来过这座汇集了一万多年文明与文化的艺术宝库，都会和塞尚一样，觉得这里"什么都有"。

4

路易十三的首相黎塞留
（1585—1642 年）

卢浮宫博物馆的
第一任馆长德农
（1747—1825 年）

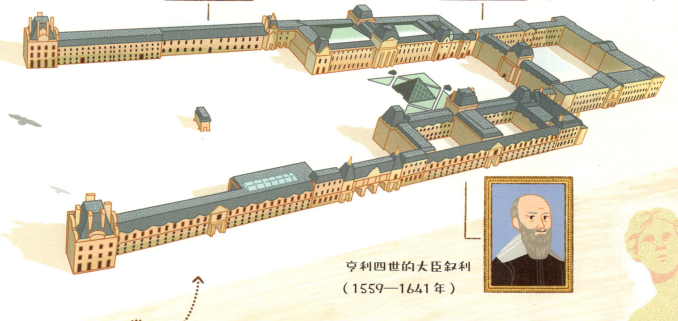

亨利四世的大臣叙利
（1559—1641 年）

U形结构

卢浮宫整体呈U形，U字的开口上方是卡鲁索凯旋门，接着是杜乐丽花园、协和广场、香榭丽舍大街，一直通到凯旋门。广场中央的玻璃金字塔，是现在博物馆的主入口，由华裔建筑大师贝聿铭设计。卢浮宫建筑群分为三部分：叙利馆、黎塞留馆、德农馆。这三大展馆的命名分别取自法国历史上三位杰出人士的姓氏：亨利四世的大臣叙利公爵、路易十三的首相黎塞留，以及卢浮宫博物馆的第一任馆长德农。

每周二闭馆

很多地方的博物馆都是周一闭馆，但法国博物馆则多是周二闭馆，卢浮宫也不例外。另外，1月1日、5月1日和12月25日这三天都是固定闭馆日！平时，卢浮宫是18:00闭馆，但每周五晚上会开放至21:45。这一天，可以夜游博物馆哦！

建造卢浮宫

Louvre 在法语中意为母狼。中世纪建造它的本意是作为城防要塞。从中世纪要塞到皇家宫殿再到艺术博物馆，卢浮宫经历了八个世纪的建筑改造，成为法国历史的化身。

随着藏品和游客数量的增长，卢浮宫在20世纪经历了一次彻底的改造。落成于1989年的玻璃金字塔则是这次重修的象征，就矗立在拿破仑庭院的中央。

大革命后，1793年8月10日，卢浮宫博物馆正式对外开放，从此卢浮宫逐渐成为公共博物馆。

16世纪，这座中世纪城堡成为一座文艺复兴时期风格的皇家宫殿。

1204年，法国卡佩王朝的国王腓力二世下令修建了卢浮宫城堡和塔楼。

吵出来的玻璃金字塔

20世纪80年代初，法国总统密特朗决定扩建卢浮宫。政府决定采用贝聿铭的设计方案——用现代建筑材料在卢浮宫的拿破仑庭院内建造一座玻璃金字塔。这项决定一经公布，就在法国引起了轩然大波。据说，在扩建的十多年中，贝聿铭有两年的时间都花在了吵架上。

卢浮宫的大宝石

1989年，贝聿铭的透明金字塔揭开了神秘面纱。主玻璃金字塔塔高21米，四个侧面由675块玻璃拼组而成。玻璃金字塔在阳光下闪闪发光，这里是卢浮宫的主入口。

玻璃金字塔不仅解决了采光、空间等现实问题，更是融合了古典美学和现代设计。贝聿铭也因此获得了被称为"建筑界诺贝尔奖"的普利兹克奖。

议政厅
最著名的画和最大的画

议政厅是卢浮宫博物馆最大的展厅，在法兰西第二帝国时期，这里是举行大型立法会议的地方，议政厅一名也因此而来。

《蒙娜丽莎》安身之所

自1966年以来，议政厅一直是达·芬奇传世之作——《蒙娜丽莎》的安身之地。2005年起，在议政厅展厅中央，专门设计了一面展墙来单独陈列《蒙娜丽莎》。《蒙娜丽莎》是画在杨木材质的木板上的，为了避免画板老化，画作被放在透明的安全保护展柜中展出。

谁是达·芬奇

达·芬奇是意大利文艺复兴时期的画家、自然科学家、工程师，在绘画、建筑、音乐、生物、地质、天文、机械发明等各个领域都取得了卓越的成就，可以说是"全能天才"。

神秘的微笑

几个世纪以来，蒙娜丽莎的神秘微笑让人流连不已，秘诀就在于达·芬奇运用了一种叫作"晕涂法"的高超绘画技法。他将薄薄的颜料一层层叠加起来，从而打造出唯美迷人的效果。

神秘的失窃

1911年8月21日，《蒙娜丽莎》不见了。这一失踪就是两年多，直到一位意大利艺术品商人联系政府，声称有人将这幅画交到了他手中。而当初盗走它的竟然是曾在卢浮宫工作过的玻璃工匠文森佐·佩鲁贾。失而复得，让《蒙娜丽莎》更加声名显赫，无数人涌入卢浮宫想要一睹它的风采。

卢浮宫中最大的绘画作品

和《蒙娜丽莎》遥遥相对的是卢浮宫最大的绘画作品——《加纳的婚礼》。这是意大利画家保罗·委罗内塞于1563年创作的一幅油画，有6米多高，近10米长，描绘出130多人参加婚宴的热烈场面。

《加纳的婚礼》主题是耶稣、圣母马利亚以及使徒们在加纳参加贵族婚宴的场景，婚礼上酒不够了，耶稣还将坛中的水变成了酒。

《加纳的婚礼》这幅巨作是委罗内塞为威尼斯圣乔治·马焦雷修道院的饭厅而作。

1798年，拿破仑的军队从威尼斯将这幅画带到法国。

在大部分画作重返意大利时，《加纳的婚礼》由于太巨大，被法国用画家夏尔·勒·布伦的《马德琳和法利赛人》作为交换，留在了巴黎。

然而，在1870年和1939年，为了远离战争，这幅画还是先后两次被撤离巴黎。

议政厅里，除了《加纳的婚礼》，还展出了其他威尼斯画派大师的名画。

威尼斯画派

产生于意大利文艺复兴时期，注重色彩和视觉效果，对欧洲绘画产生了很大影响。代表人物有乔尔乔涅、提香、委罗内塞、丁托列托等。

《乡村音乐会》
提香·韦切利奥

《镜中女人》
提香·韦切利奥

《拉·贝莱·娜尼像》
保罗·委罗内塞

威尼斯画派的大师们

提香被誉为"西方油画之父"，他对文艺复兴时期的意大利画家，甚至对整个西方艺术都产生了深远的影响。委罗内塞是提香的学生，擅长画《加纳的婚礼》这样场景宏大、人物众多的主题。丁托列托也是提香的学生，在继承提香风格的同时又大胆创新，在威尼斯画派中开辟了自己的风格。

大师们的画作

议政厅里展出了提香的《乡村音乐会》《镜中女人》等作品，委罗内塞的肖像画《拉·贝莱·娜尼像》，以及丁托列托的《圣母加冕》，这幅画是丁托列托为威尼斯总督府大议会厅巨型装饰画而作的样画。整个议政厅在威尼斯大师们画作的装扮下色彩斑斓，就好像是文艺复兴时期的精神火花在这里不断闪烁跳跃。

《圣母加冕》
丁托列托

弗朗索瓦一世和卢浮宫

在卢浮宫的发展历史中，法国国王弗朗索瓦一世起到了举足轻重的作用。弗朗索瓦一世下令拆除了卢浮宫塔楼，并命建筑师皮埃尔·莱斯科将卢浮宫改建成了带有方形庭院的华丽宫殿。他还收藏了许多意大利文艺复兴大师的杰作，奠定了卢浮宫收藏之路的基础。

弗朗索瓦一世和达·芬奇的忘年之交

弗朗索瓦一世非常欣赏达·芬奇，1518年，达·芬奇受邀来到法国宫廷，弗朗索瓦一世封他为"国王首席画家、建筑师、工程师，国家机械师"，两个人成为忘年之交。弗朗索瓦一世斥巨资买下了《蒙娜丽莎》，将它变成了法国王室的收藏。如今，卢浮宫也是全世界收藏达·芬奇作品最多的地方。

国王的画像

卢浮宫收藏着一幅弗朗索瓦一世的画像，画中弗朗索瓦一世穿着豪华，充分展现了国王的华贵气质。这幅国王的画像是首席宫廷画师让·克鲁埃的代表作，也是世界上100幅著名油画作品之一。

《费朗索瓦一世画像》
让·克鲁埃

Map of the Louvre Chamber

11

女像柱厅

法兰西王室的文艺复兴梦

　　1546年，弗朗索瓦一世起用了建筑师皮埃尔·莱斯科作为总设计师，发起了卢浮宫的改建工程，并奠定了卢浮宫收藏的基础，但真正完成卢浮宫文艺复兴风格建造的却是弗朗索瓦一世的儿子亨利二世。女像柱厅则是卢浮宫文艺复兴时期最美的建筑见证之一。

女像柱厅的诞生

　　之所以被称为女像柱厅，是因为厅内四根支撑着乐师演奏台的立柱都被雕刻成了女子的模样。这些立柱由当时法国著名雕刻家让·古戎雕刻而成，标志着一种全新的艺术风格的兴起。

女像柱厅的前世今生

　　这里最初是国王的舞厅，常常举办舞会，女像柱上方的平台就是乐师们演奏的地方。到17世纪后期，法国大剧作家莫里哀在这里为路易十四接连演出了他的喜剧作品，女像柱厅更像是一个剧场了。从1692年开始，路易十四收藏的雕塑作品就在这里展出，当时还叫作古物厅。后来，建筑师夏尔·柏西埃和皮埃尔·封丹给女像柱厅拱顶配置了雕刻装饰。

被爱神折磨的半人马老人

　　这是古希腊雕塑的罗马复制品，爱神好像从天而降，骑到了半人马的身上，半人马老人正回头看着爱神，年幼的爱神和年老的半人马形成了鲜明的对比。

古希腊名作和罗马复制品

如今，女像柱厅中陈列着来自古希腊和古罗马的珍贵雕塑，表现的大多是希腊神话中的神祇和英雄。

《狩猎女神狄安娜》

展厅中央展出的是《狩猎女神狄安娜》大理石雕像，这是最早被收入王室收藏的作品之一。

《阿波罗捉杀蜥蜴》

这是伟大的古希腊雕塑家普拉克西特列斯的作品。阿波罗被塑造成一个举止优雅的年轻人，正在伸手抓一只蜥蜴，象征着神正在与瘟疫和疾病斗争。

《沉睡的海尔玛弗狄忒》

仙女萨拉玛西斯爱上了爱神的儿子海尔玛弗狄忒，却被对方婉拒。于是她祈求宙斯将自己与心爱的人永远结合在一起。古罗马雕塑家以此为主题创作了这座雕像。如果你绕着雕像走一圈，就会发现它同时具有男性和女性的特征。雕像身下的床垫看起来很现代化，这是因为它是17世纪才后添加的！而且看着非常柔软有弹性，但其实它是大理石雕刻而成，真是巧夺天工啊！

米开朗琪罗长廊
300年意大利雕塑荟萃

米开朗琪罗长廊建于1854—1857年间，是议政厅的主入口。同时，这里也用于陈列参加艺术沙龙的雕塑作品。在那个时代，艺术沙龙主要展示在世艺术家的作品，是当时法国的艺术盛会，具有博物馆的雏形。如今的米开朗琪罗长廊收藏了米开朗琪罗创作的两座"奴隶"雕像，以及16—19世纪意大利的雕塑杰作。

米开朗琪罗长廊完工

拿破仑三世继位后，继续对卢浮宫进行大规模的修建。他在御用建筑师路易·维斯孔蒂和赫克托·勒菲埃尔的帮助下完成了卢浮宫建筑群的修建，米开朗琪罗长廊就是在此时完成的，主要用来存放艺术收藏品。赫克托·勒菲埃尔在建造米开朗琪罗长廊时，给长廊设计了宏大的穹顶，并在地面铺设了不同颜色的大理石地砖。长廊是自然采光，阳光可以从两侧的玻璃窗折射进来，充分展现出大理石雕塑的艺术细节。

达·芬奇

"文艺复兴三杰"

米开朗琪罗是意大利文艺复兴时期伟大的雕塑家、画家、建筑师和诗人，与拉斐尔、达·芬奇并称为"文艺复兴三杰"。他的作品是文艺复兴时期雕塑艺术的巅峰，充满现实主义精神和浪漫主义幻想，作品风格可以说影响了几个世纪的艺术家，代表作有《大卫》《创世记》等。

米开朗琪罗

拉斐尔

雕像"颠沛史"

如今，就算是还没走进长廊，也能远远地看到伫立在展厅中央的《垂死的奴隶》。雕像身后是一扇巨型大门，这扇大门来自意大利，上面装饰着大力神赫拉克勒斯及宙斯之子珀尔修斯的形象。和《垂死的奴隶》一样，《被缚的奴隶》也是米开朗琪罗的作品，它们是如今长廊最引人注目的两件作品。

这两座雕像最初是为装饰教皇尤利乌斯二世的陵墓而作，但教皇逝世后，继任者取消了这项工程。米开朗琪罗将这两座雕像赠送给好友，好友在流亡法国期间，又将雕像转送给弗朗索瓦一世。后来几经周折，在法国大革命时期被执政者没收。直到1794年，雕像被送到卢浮宫，才结束了漂泊。

除了米开朗琪罗的伟大作品，长廊还收藏了许多雕塑珍品，像《飞翔的墨丘利》《墨丘利劫走普西莎》《枫丹白露的仙女》等。而在离开长廊前，还能欣赏到卡诺瓦创作的《爱神吻醒普西莎》。

相传普西莎是一位美丽的公主，爱神对她一见钟情，但爱神却从不让普西莎看他的脸。普西莎趁爱神睡着，点亮蜡烛偷看他，没想到蜡油滴到爱神脸上。爱神惊醒后，一怒之下弃她而去。为了找回爱神，普西莎经历了很多考验。一次，她从冥界带回装有圣水的瓶子，刚打开瓶子就晕了过去，幸好爱神及时赶到，用他的吻唤醒了普西莎。《爱神吻醒普西莎》展现的正是这一瞬间。

大画廊
意大利绘画展

在米开朗琪罗长廊可以欣赏到米开朗琪罗的伟大作品，"文艺复兴三杰"另外两位——达·芬奇和拉斐尔的作品则可以在紧临塞纳河的大画廊看到。

大画廊是卢浮宫最具代表性的场所之一，数百幅绘画作品错落有致地陈列其中，让这里成为世界上最重要的意大利绘画作品收藏地之一。

绝佳的赏画条件

拿破仑三世的御用建筑师勒菲埃尔将大画廊的拱顶改装成玻璃顶，这样阳光可以从天窗照射进来，自然光均匀地落在油画上，创造出最佳的赏画条件。

最重要的意大利绘画作品收藏地

如今，大画廊的墙上悬挂着意大利绘画大师们的传世杰作，达·芬奇、拉斐尔、曼特尼亚、阿尔钦博托、卡拉瓦乔等，可以让你一次看个够。

达·芬奇的《施洗者圣约翰》《岩间圣母》《圣母子与圣安妮》《美丽的费隆妮叶夫人》，以及拉斐尔的《花园中的圣母》在大画廊都能看到。

大画廊的国王仪式

亨利四世时期，大画廊的一楼还举行过神圣的仪式——治疗大家的"瘰疬（luǒ lì）病"。当时人们相信只要国王触摸过病人肿大的淋巴结，病人就可以痊愈。

为绘画艺术而建

大画廊始建于16世纪末，亨利四世决定修建一组大型建筑，将卢浮宫与杜乐丽宫连接起来，而沿塞纳河修建的"水滨"长廊是这项大工程中的重要一环，这就是大画廊的前身。1793年8月10日，卢浮宫正式作为"中央艺术博物馆"对公众开放。大画廊也成为展示卢浮宫绘画藏品的地方，是最早对外开放的区域之一。

朱塞佩·阿尔钦博托的《四季》

在大画廊，有几幅与众不同的画，它们是意大利画家朱塞佩·阿尔钦博托的作品——《四季》。他用各种花卉、水果、农作物组成《春》《夏》《秋》《冬》四个人物形象，也对应着从年少到年老四个不同的人生阶段。这一幅幅肖像画，凑近却能看出不同时节蔬菜瓜果的各种细节，真是让人惊叹！

拿破仑一世的婚礼

大画廊中还举行过盛大活动。1810年4月2日，拿破仑一世在这里举行了他和第二任皇后，奥地利女大公玛丽·露易丝的婚礼大典。

美第奇画廊

法兰西王后的荣耀

在黎塞留馆侧翼的美第奇画廊，陈列着一组巨型油画——《玛丽·德·美第奇生平》。这是美第奇王后请当时最著名的绘画大师之一皮埃尔-保罗·鲁本斯完成的，记录了美第奇王后的生平。

王后跌宕起伏的一生

玛丽·德·美第奇是法国国王亨利四世的妻子、路易十三的母亲。她出身于意大利佛罗伦萨的名门望族。

亨利四世驾崩时，路易十三还很小，美第奇以太后身份摄政。但是路易十三成年后，美第奇太后仍然不肯退位。1617年，路易十三夺取政权，将自己的母亲流放。直到1621年，美第奇太后才重新回到巴黎。

王后的订单

美第奇太后回到巴黎后，在1622年向17世纪欧洲最受欢迎的画家之一鲁本斯定制了一组巨幅画作——《玛丽·德·美第奇生平》，想通过油画记录自己一生中的重要事件，用来装点寝宫卢森堡宫里的豪华长廊。

但美第奇太后和国王路易十三之间的关系十分微妙，于是鲁本斯并没有完全按照事实来画，而是将事实和艺术处理相融合，人们只能靠自己猜测这些故事中究竟哪些是真哪些是假了。

整组油画洋溢着浓郁的巴洛克风格，既有真实的历史场景，又融入了艺术家超凡的想象和创造力，甚至出现了许多希腊罗马神话中的人物形象。

卢浮宫最具气势的成套绘画作品

1817年开始，这组油画先后在卢浮宫的大画廊和议会馆大厅展出。

如今，这组油画在美第奇画廊，按照鲁本斯最初设计的顺序来进行展示。卢浮宫收藏中最具气势的成套绘画作品终于以当年的原貌再次呈现在大家面前。

《亨利四世看到玛丽的肖像而坠入情网》

在当时的欧洲，举行婚礼之前，国王往往见不到自己的王后，只能通过肖像来了解对方。这幅画表现的正是亨利四世看到王后的肖像而坠入情网。

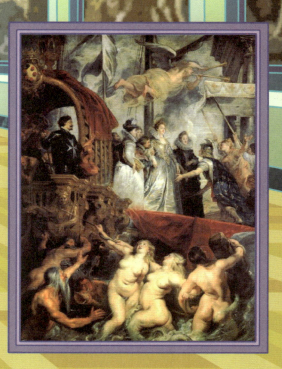

《1600年11月3日玛丽王后在马赛岸登陆》

在这幅油画上，美第奇王后坐船抵达法国。同行的既有真实人物，也有神话人物和具有象征意义的形象。

夏季套房
王后套房的罗马皇帝像

1800年，拿破仑下令将路易十三的妻子、奥地利的安妮王后曾住过的夏季套房变为古董展厅。如今，展厅保留着当初的奢华装饰，让来参观的人可以在当年的场景中，感受古罗马文物的不凡气势。

富丽堂皇的意大利风格内饰

1655—1658年间，安妮太后命人将一楼套房重新进行了装饰，让这里变得更加富丽堂皇。

内饰是由法国御用建筑师路易·勒沃来负责，效仿了佛罗伦萨的皮蒂宫和罗马的法尔内塞宫等意大利宫殿。房间内装饰着古代众神和《圣经》中的人物，充分体现了安妮太后的不凡地位。

太后的"夏季套房"

作为路易十三的妻子，安妮王后一直居住在王后专用套房中。

路易十四亲政后，安妮太后必须将王后套房让给路易十四的妻子。于是，她搬到了一楼的套房里。由于一楼套房很凉爽，而且没有壁炉，因此又被称为"夏季套房"。

古董长廊

夏季套房不仅在装饰风格上与意大利古代雕塑十分契合，更关键的则在于，套房位于一楼，可以承载大理石雕像的重量，而不用担心塌陷。

1798—1800年间，建筑师让-阿诺·雷蒙将套房改造成古董长廊。他将所有的房间都打通，将这里变成长廊，并修建了大型拱廊，显得更加壮观有气势。

奥古斯都

提比略

马可·奥勒留

罗马皇帝的雕像

如今，古董长廊主要陈列着大理石雕像、青铜雕像、浮雕，以及来自庞贝古城的壁画等古罗马艺术品。

在这里，可以看到很多国王的雕像，奥古斯都、卡利古拉、尼禄、提比略等这些罗马皇帝都命人为自己创作了雕像。

怎么来区分雕像究竟是哪一位罗马皇帝呢？主要就看发型——每位皇帝都有自己特定的发型。像奥古斯都皇帝的头像没有胡须，前额的头发就像钳子形状。提比略皇帝同样没有胡须，但是前额头发比较平整。马可·奥勒留皇帝则蓄着大胡子，并且是一头卷发。

庞贝古城壁画

古董长廊还陈列着曾被维苏威火山灰掩盖的庞贝古城出土的大量古罗马壁画。

其中，壁画上常常出现一种红色，被命名为"庞贝红"。卢浮宫在对很多展厅进行重新装修时，采用了这种典雅的红色。

阿波罗长廊
黄金、钻石和两个太阳

卢浮宫里有很多太阳纹饰，让人不禁联想到以"太阳王"自居的路易十四。而整个卢浮宫，太阳元素得到最大程度展示的地方就在金碧辉煌的阿波罗长廊。如今，阿波罗长廊主要展出的是法国王室珠宝与钻石收藏。

重建长廊

1661年，建于亨利四世时代的豪华小长廊被一场大火烧毁。路易十四任命曾负责安妮太后夏季套房改建工程的路易·勒沃重建长廊，立志要将长廊建造得更加华美。

1661年，路易十四年仅23岁，刚选定太阳作为自己的标志。于是，希腊神话中光明与艺术之神阿波罗就作为新建长廊的主题，长廊也被命名为"阿波罗长廊"。

国王的画像

在卢浮宫还收藏着路易十四的肖像画，画中的他已经63岁了，戴着蓬松的假发，穿着白色连裤袜，脚上还蹬着高跟鞋，可真是卢浮宫中最时尚的男子。

工期超长的阿波罗长廊

路易十四任命他的首席画师夏尔·勒·布伦来进行阿波罗长廊的内饰设计。然而，由于路易十四对卢浮宫的热情并没有持续很久，就转而投入到凡尔赛宫的建设中去了，阿波罗长廊没能如期完工。

这一延期就延了两个世纪，直到1850年，在建筑师费利克斯·杜班的主导下，阿波罗长廊的内部装饰才全部完工。

著名画家欧仁·德拉克洛瓦在穹顶中央创作了长达12米的大型装饰画——《阿波罗征服巨蟒》。长廊两侧的墙壁上也悬挂了很多精美的人物肖像挂毯，主角都是过去几百年中，为卢浮宫做出重要贡献的君主和艺术家。

历史悠久的摄政王钻石

如今，阿波罗长廊主要展出历任法国国王收集的宝石藏品。路易十四更是对珍贵宝石情有独钟，他个人收藏的宝石就多达800件。

在这些王室珠宝中，最著名的钻石就是摄政王钻石。它有140克拉重，可以说是稀世珍品。路易十四的侄子菲利普一世（奥尔良公爵）将它买下，当时他是摄政王，于是就以自己的头衔命名了这颗钻石。

摄政王钻石

路易十五王冠

欧仁妮皇后的祖母绿皇冠
由2490颗钻石、56颗祖母绿宝石组成。

玛丽·路易斯皇后的绿宝石项链和耳环

海王之舟
这款珍贵的青金石杯是路易十四的藏品。

丹麦大象骑士团团徽
徽章上有74颗钻石。

红厅
法国绘画大师的大画作

卢浮宫有一个地方，因为墙面是红色的，因此被称为"红厅"。这里陈列着一大批法国绘画大师的作品，从大卫到德拉克洛瓦，新古典主义和浪漫主义在这里都能感受到。

富丽堂皇的红厅

拿破仑三世在扩建卢浮宫时，希望有一个富丽堂皇的博物馆。于是，设计师将展厅背景设计成红色，再加上金色的装饰，满足了拿破仑三世的愿望。

19世纪以来，卢浮宫曾对红厅进行过多次重大修复，现在我们看到的墙面色调参考的是庞贝古城出土的壁画作品上的红色。

新古典主义和浪漫主义

18世纪中期，一种新的艺术风格开始兴起，这就是新古典主义，往往选取历史或现实的重大事件为题材，代表画家有雅克-路易·大卫、让-奥古斯特-多米尼克·安格尔等。

浪漫主义是19世纪初兴起于法国画坛的一个艺术流派。这一画派偏重于发挥艺术家自己的想象和创造力，西奥多·杰里科、欧仁·德拉克洛瓦是其中的代表。

雅克-路易·大卫

安格尔

杰里科

德拉克洛瓦

《雷加米埃夫人像》 大卫

《大宫女》 安格尔

享有盛名的历史画作品

大卫的《雷加米埃夫人像》、安格尔的《里维耶尔小姐》《大宫女》等是红厅为数不多的几幅肖像画。除此之外，这里陈列的大部分是以历史事件为题材的作品。

《荷拉斯兄弟之誓》

画面中，父亲正在为即将参战的三兄弟分发宝剑，儿子们斗志激昂，发誓愿意为罗马献出生命。画面右下角却是三位担心亲人安危的悲痛的妇女。

这是雅克－路易·大卫的代表作，表达的是新古典主义最典型的主题。

《梅杜莎之筏》

杰里科的这幅画作以真实的海难事件为主题，当时波旁王朝重新掌权，"梅杜莎"号的船长是一个毫无经验、政府委派的官员，最终酿成海难事件。画面描绘的是幸存者用尽最后力气向出现在海平线上的船挥旗求救的瞬间，是浪漫主义画作的杰出代表。

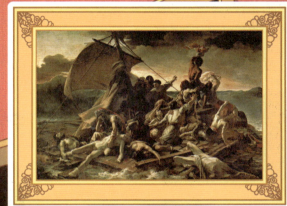

《自由引导人民》

这幅画取材于1830年的法国七月革命，德拉克洛瓦展现了巴黎人民进行巷战的激烈场面。画中右手高举旗帜的女性，就是自由女神。她舞动着蓝、白、红相间的三色旗，带领人们赢取胜利。三色旗是法国国旗，也是法国大革命的象征。

德拉克洛瓦是法国浪漫主义画派的领军人物，这幅画作具有划时代的意义。

拿破仑一世加冕大典
藏在伟大历史背后的秘密

寻找大卫

仔细寻找，在画面上还能看到大卫的身影，就在画面最左上角，大卫站在最后一排，手里握着笔和画板，仿佛正在记录现场的情景。

关于拿破仑的母亲

远处坐在宝座上的是拿破仑的妈妈，据说当天她并没有出席典礼。但为了仪式的完美，大卫还是将她添加了进去。

在红厅，还有一幅重量级作品——雅克－路易·大卫所作的《拿破仑一世加冕大典》。这是卢浮宫画幅最大的绘画作品，高6米，长近10米。站在这幅画前面，人们仿佛亲临仪式现场。

难怪在面对这幅作品时，拿破仑一世都不禁感叹："我们行走在画面中。"

《拿破仑一世加冕大典》
大卫

拿破仑一世的一生

1769年，出生于科西嘉岛。法国大革命时期参加革命军。

1793年，晋升少校，此后一路高升。

1799年，发动雾月政变，组成执政府，自任第一执政官。

1815年，滑铁卢战役失败后，被流放于圣赫勒拿岛，最终在岛上病逝。

1812年，发动对俄战争，结果惨败，加速帝国崩溃。

1804年，加冕称帝，建立法兰西第一帝国。

《拿破仑一世加冕大典》问世

1804年12月，拿破仑一世在巴黎圣母院举行了盛大的加冕仪式。大卫受邀参加典礼，并绘制了举世闻名的《拿破仑一世加冕大典》。但其实，这幅画却并不完全是真实记录，而是隐藏了一个又一个的小谎言。

关于拿破仑一世

一般应该由教皇来进行加冕仪式，但拿破仑却直接从教皇手中拿过皇冠戴上了。拿破仑的行为让大卫十分为难，最终决定将画面定格在拿破仑加冕完成、为皇后加冕的瞬间。

关于教皇

教皇坐在拿破仑身后，食指和中指并在一起，是赐福的手势。但据说，在最初的版本里，教皇是双手叠放在膝盖上的。这个手势让拿破仑很不满意，于是大卫只能将教皇的手势改成祝福的姿势。

关于约瑟芬皇后

拿破仑在为皇后约瑟芬加冕，皇后当时已经40多岁了，但大卫却将她画得十分年轻。

关于拿破仑的妹妹

拿破仑的两位妹妹在为约瑟芬牵裙摆。据说这两个妹妹一个非常支持他们的婚姻，另一个却想让约瑟芬在典礼上摔倒出丑。于是两个人在加冕现场互相较劲，你能分辨出谁是想捣乱的那位吗？

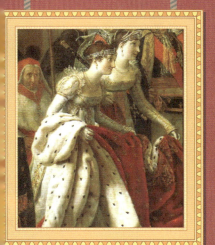

古埃及馆
穿越历史的文明信札

卢浮宫的古埃及文物馆收藏了来自尼罗河的6000多件珍宝。人们来到这里，就踏上了古埃及之旅，尼罗河孕育的古老文明——古埃及文明将在你面前一一揭开神秘的面纱。

商博良与古埃及馆

1822年，年仅32岁的著名法国学者让－弗朗索瓦·商博良成功破解了古埃及象形文字。为了让大家更好地了解古埃及文明，在商博良的推动下，1827年，卢浮宫第一个古埃及艺术馆开馆，商博良任馆长。

如今，卢浮宫古埃及文物部已扩展到整整两层展区。在这里，人们可以感受到古埃及文明的方方面面，还能欣赏到诸多古埃及法老和王后的雕像。

塔尼斯的狮身人面像

在古埃及文物馆入口处，端坐着一座半人半兽的雕像，这就是来自埃及古城塔尼斯的著名的斯芬克斯狮身人面像。

这是埃及境外最大、保存最完整的狮身人面像，已经4000多岁了，面孔是仿照埃及法老的样子雕刻而成的。

暮年的塞索斯特里斯三世　　　法老阿蒙霍特普四世　　　阿肯那顿和纳芙蒂蒂

《盘腿而坐的书吏》

这位坐着的书吏已经4500多岁了，他光着上身，只穿着白色麻布织成的短裙。他的右手食指和拇指捏在一起，考古学家推断，他的手上本应该有一支芦苇笔，蘸墨后可以在纸上写出漂亮的埃及文字。

这座雕像工艺精湛，是埃及艺术一大杰作。而且他的眼睛是用水晶石制成的，如今依然很明亮。当你绕着雕像走动时，会发现书吏的目光好像一直在追随着你。

木乃伊和棺木

古埃及人认为，人去世后是去往另一个世界继续生活。死亡意味着一段旅程的结束，但也是另一段旅程的开始。因此，古埃及人非常重视遗体的保存。法老和贵族去世后，遗体会被做成千年不腐的木乃伊，再放进华丽的棺椁中，这些步骤都完成之后，才会下葬。

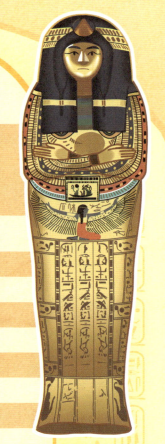

塔穆特内夫雷棺木外棺

马德佳的棺木

纸板覆盖的男性木乃伊

河马小雕像

这是大约公元前1800—前1700年的彩釉陶，河马身上有睡莲、藻类、起飞的小鸟等形象，让人可以联想到河马在尼罗河沿岸生活的情景。

查理十世博物馆
深藏在法王宫殿的古埃及文物

查理十世博物馆落成

18世纪末，拿破仑一世远征埃及，并带去了一支科学考察队。考察队发现了许多关于古埃及的重要资料，但出土文物上的文字仍然是未解之谜。

后来，商博良成功破解古埃及象形文字，仿佛找到了打开古代埃及历史文化大门的钥匙。为了能将这一古代文明更好地展示在世人面前，商博良说服了查理十世，为卢浮宫开设埃及博物馆购入藏品。

随着藏品不断丰富，占据了卢浮宫二楼一排9个大厅的查理十世博物馆落成。

博物馆的装饰画

如今，查理十世博物馆的装饰仍旧保留着最初建筑师夏尔·柏西埃和皮埃尔·封丹的设计，就连展厅内的展示柜都是当年博物馆落成时制作的。

而这里最重要的装饰莫过于由当时最伟大的画家们完成的天花板装饰画。在这些天花板装饰作品中，安格尔创作的《荷马礼赞》已经不仅是装饰，更成为一幅真正的收藏品。天花板上的原作被拆下，换上了复制品。如今，你想看到原作，可以去专门展示19世纪法国绘画的红厅，安格尔的《荷马礼赞》就陈列在那里呢。

哈索尔女神迎接法老塞提一世

法老奥索尔孔二世垂饰

这枚吊坠上有埃及神话中三位主要神祇——蹲在中间基座上的是冥王奥西里斯，旁边是女神伊希斯和他们的儿子荷鲁斯。荷鲁斯长着一个鹰头，他是古埃及神话中法老的守护神。

查理十世博物馆藏品

如今的查理十世博物馆主要是按时间顺序展示了卢浮宫古埃及文物最后部分，包括新王国时期、第三中间期、晚王国时期和托勒密王朝时期。

塔佩蕾夫人彩绘墓碑

法老拉美西斯二世胸饰

圣猫女神巴斯特

古埃及王朝有一位美丽的女神，叫巴斯特。在古老的神话中，她常化作猫的形态在人间游走。于是，古埃及人把猫奉为巴斯特女神的化身，为她做了很多塑像。这尊青铜猫立像就是其中一座，在古埃及后期非常常见，金色的眼睛配上蓝色的眼影，脖子上还戴着一串项链。

达鲁阶梯
通往胜利之路

在卢浮宫的达鲁阶梯顶层，有一座雕像静静地立在那里，充满了力量和美感。这就是卢浮宫最著名的雕像藏品之一——《萨莫色雷斯岛的胜利女神》，也被称为《胜利女神》。

《胜利女神》的到来

《胜利女神》雕像是以其发现地——萨莫色雷斯岛来命名的。1863年，法国考古学家查尔斯·尚帕佐在位于希腊爱琴海的萨莫色雷斯岛发现了这座雕像的110个碎块，却始终没有发现头和手臂的踪影。

1879年，尚帕佐重新来到萨莫色雷斯岛。此行有了新的收获——他带回船底和船头雕像碎块，作为雕像的底座。

卢浮宫对女神进行了修复，想尽量复原其最初的形态，但始终没有为她添加头和手臂。

女神的归宿

《胜利女神》雕像大约创作于公元前190年，展现了女神从天而降、踏上获胜战船船头的情景。雕像修复好了，安放在哪里才能充分展现出她的气势和魅力呢？经过长时间的考虑，达鲁阶梯最终成为胜利女神的归宿。1883年，《胜利女神》雕像在出土20年后，终于被安置在了达鲁阶梯顶层。

女神的风姿

立在达鲁阶梯顶层的《胜利女神》，身姿轻盈，仿佛飘浮在半空中。雕塑家围绕着女神创造出了一个想象的空间：风、船和海浪。当你注视她时，看见的还有她周围的环境，好像随她一起身处凯旋的氛围之中。

达鲁阶梯

达鲁阶梯是19世纪法兰西第二帝国时期，建筑师赫克托·勒菲埃尔设计建造的。在拿破仑三世对卢浮宫进行大规模扩建的过程中，拿破仑一世建造的楼梯已经无法连接新建的画廊，于是拿破仑三世决定增加新楼梯。勒菲埃尔设计出这组大型阶梯，并采用了拿破仑一世麾下一位大臣的名字——达鲁来命名。

找回的右手

1875年，一支奥地利考古队发现了女神右手的大拇指和部分无名指。1950年，法国考古学家让·夏伯诺找到了右手手掌和无名指的另一部分。复原后的右手陈列在阶梯一侧的橱窗里，掌心朝上，仅有的两个手指舒展着，好像在摆胜利的手势。

米洛的维纳斯

不完美造就的完美

《蒙娜丽莎》《萨莫色雷斯岛的胜利女神》和《米洛的维纳斯》，可以说是卢浮宫的三大珍宝。其中，《米洛的维纳斯》是古希腊雕塑作品中最杰出的代表，她的完美和残缺让无数人难以忘怀。

从米洛岛到卢浮宫

1820 年，在希腊的米洛岛上，当地农民发现了雕像的碎片。法国驻希腊大使里维埃侯爵买下后赠给了法国国王路易十八。第二年，雕像就被送入卢浮宫，这就是《米洛的维纳斯》。

对立式平衡

维纳斯的身体呈S形，重心完全放在右腿上。这样肩和胯的方向刚好相反，能达到一种视觉平衡美。这就是经典的希腊站姿——"对立式平衡"。

最佳展示位

拿破仑一世将安妮王后住过的夏季套房变为古物馆，不久之后，他又买下他妹夫卡米洛·博尔盖塞亲王的收藏，于是对古物馆进行了扩建。1821 年，《米洛的维纳斯》入住卢浮宫，被安放在扩建后的古物馆展厅。

如今，《米洛的维纳斯》独自站立在展厅尽头的正中央，就连展厅墙壁上的红色大理石都是拿破仑一世时期的装潢。

拼接而成的雕像

如果你仔细观察，会发现《米洛的维纳斯》是由几块大理石雕刻拼接而成的，连接处巧妙地隐藏在胯间的衣褶波浪中，让人很难发现。

维纳斯左肩处还有固定孔，可见手臂也是单独雕刻后再与身体相连。其实这种拼接的雕刻制作方法很常见，大型雕像往往都是分为几部分雕刻，最后再组装在一起的。

缺憾的美

　　《米洛的维纳斯》出土的时候就没有手臂，专家提出过许多复原方案，但卢浮宫最终依然决定不予修复。双臂的缺失，反倒让维纳斯拥有了一种神秘的、新鲜的美感。

维纳斯身份的确定

　　古希腊艺术作品中神祇的身份，往往通过人物手中的物品来判定。因此，手臂的缺失给这座雕像身份的确定带来了很大的困难。

　　后来，在雕像出土地点的附近，找到了一只拿着苹果的手，这是美神维纳斯的艺术形象元素之一，从而确定了这尊雕像正是爱与美之神维纳斯。

各种希腊雕像

　　在展厅里，《米洛的维纳斯》周围还有许多古希腊雕像，它们大多数都残缺不全，但却依然散发着那个时代特有的美。

科撒巴德庭

刻在黑色大理石上的帝国往事

在黎塞留馆，有一块高达2.25米的黑色玄武岩石碑，上面刻满了神秘的字符。这就是迄今为止发现的世界上第一部完整的成文法典——《汉穆拉比法典》。

法律界的鼻祖

石碑上用楔形文字密密麻麻地记录了282条法规，汇集了汉穆拉比国王在平时判案时的真实的案例和判决结果，包含生产、生活的方方面面。

神赐予的权力

石碑顶端雕刻了一幅画，汉穆拉比站在左边，右边宝座上坐着太阳神，他也是法律之神。汉穆拉比正从太阳神手中接过权杖，这意味着他拥有了法律之神赐予的权力。

汉穆拉比国王

制定《汉穆拉比法典》的人是巴比伦国王汉穆拉比，他统治的时期是巴比伦历史上最辉煌的时期之一。他命人雕刻了许多座石碑，分发到各个地区，让国民都可以了解到他制定的法规。

以牙还牙

《汉穆拉比法典》最著名的原则之一是"以眼还眼，以牙还牙"："如果一个人弄瞎了一个自由人的一只眼睛，那么也应该弄瞎他的一只眼睛。如果一个人折断了一个自由人的一颗牙齿，那么也应该折断他的一颗牙齿。"

亚述帝国

在美索不达米亚平原，还有另外一个国家，在两河流域古代历史上频繁活动了2000年左右，它就是亚述帝国。公元前8世纪，亚述帝国统治者萨尔贡二世决定迁都杜尔－沙鲁金，即今天的科撒巴德遗址，他命人在那里建造一座巨大的宫殿。萨尔贡二世去世后，他的儿子继位，并将首都迁到尼尼微。杜尔－沙鲁金城逐渐被沙尘掩埋，直到19世纪才被法国考古学家发现，就此开创了美索不达米亚和近东考古学这门新学科。

1847年，卢浮宫复原了杜尔－沙鲁金城王宫的一部分，展现了宫廷生活、军事活动等场景，世界上第一座亚述文化博物馆在卢浮宫启幕。

五条腿的公牛

在入口处，矗立着两座巨大的人首翼牛雕像。亚述人将人首、牛身、牛耳、鹰翼的形象称为"拉玛苏"，是神庙和宫殿的守护神。如果你仔细观察，会发现它们都有五条腿，从正面看是静止不动的，从侧面看它们却正在向前缓慢行走，古代工匠正是借此从视觉上巧妙处理动与静的关系。

昂古莱姆长廊
中东宝藏

1824 年，卢浮宫有一间新博物馆落成，查理十世出席了典礼，并将它命名为"昂古莱姆长廊"，用来表彰在西班牙战役中大获全胜的长子昂古莱姆公爵。如今，这里是中东宝藏展区，主要用来展出来自古代黎凡特地区和古代伊朗的文物。

从现代作品到最古老的文物

卢浮宫在作为博物馆对外开放后，藏品日益丰富，迫切需要开辟新的展示空间，昂古莱姆长廊就是不断涌现的新展区之一。

这里最开始用来展出主要创作于文艺复兴时期，以及 17、18 世纪的雕塑作品。然而，随着藏品不断丰富，长廊的展示空间不够用了。于是，这些雕塑被转移去了皮热中庭和马利中庭。而昂古莱姆长廊则于 1933 年成为中东宝藏展区，展品主要来自古代黎凡特地区。有些展品甚至可以追溯到公元前 7000 年，可以说是卢浮宫最古老的一部分藏品。昂古莱姆长廊于是从最初展出相对现代化的作品，一跃成为卢浮宫最古老藏品的展示区域。

风暴之神巴力石碑

这块石碑出土于乌加里特古城，这里曾是一个强大王国的首都。石碑上雕刻的正是风暴之神巴力，他一只手挥着能引发雷电的大棒，另一只手则将一根长矛插在地上，代表着闪电直击地面。

陶质船模型

文物种类百花齐放

昂古莱姆长廊展出的大部分文物都是在法国的考古发掘工作下出土的。黎凡特地区处于埃及、美索不达米亚、安纳托利亚和爱琴海地区的交汇处，受到多种文化和思想的影响，这里的城市都发展得十分繁荣。因此，出土的文物中，既有反映宗教信仰的石碑、雕像，也有代表当地生活和文化的各种珠宝首饰、金杯、饰品等。

9000 岁"高龄"的雕像

这座雕像大约创作于公元前7000年，是卢浮宫里最古老的展品。至今没有人知道它是谁，不过可以推断的是它曾经头戴植物纤维假发，身上穿着彩绘衣衫。可惜的是，由于时间实在太久远，这些配饰都没能留存下来。

这座雕像属于约旦文物局，以长期出借方式在卢浮宫展出。

人形雕像

奥索尔孔一世胸像

鸭形胭脂盒

女神喂羊图盒盖

维斯孔蒂中庭
探索伊斯兰艺术

在卢浮宫，有一个造型与众不同的展馆——坐落在维斯孔蒂中庭的伊斯兰艺术馆。这里收藏了超过3000件伊斯兰艺术精品，让人们可以一睹伊斯兰文化的风采。

伊斯兰艺术部

1893年，第一批伊斯兰艺术品在卢浮宫展厅展出。随着藏品越来越多，2012年，卢浮宫专门建造了伊斯兰艺术馆，并创建了独立的伊斯兰艺术部。

如今，伊斯兰艺术馆的藏品品类丰富，有华美的金银器皿、做工精美的陶瓷制品、迷人的珐琅玻璃灯具，还有各式各样的地毯、丝绸制品、微型画作等，展现了伊斯兰手工艺人高超的技艺。

与众不同的维斯孔蒂中庭

伊斯兰艺术馆所在的维斯孔蒂中庭主要以玻璃和金属构成，馆内展区分为两层。

上层展区四周的玻璃墙让展品可以在自然光线下尽情展示，金属结构的屋顶则给人无限的想象空间，既像一张"悬浮"在卢浮宫的金色金属网，又像一块充满民族特色的飞毯。

下层展区则大不相同，人们进入这里就好像踏上了寻宝的旅程。一件件藏品在柔和暗沉光线的映照下，仿佛带着参观者穿梭在东方文明古城之间，感受不一样的文明。

圣路易洗礼盆

这是展厅中最重要的藏品之一，它曾属于法国王室，曾用于国王路易十三以及拿破仑三世之子的受洗仪式，但它成为法国王室藏品的确切时间和方式至今仍是一个谜。这个洗礼盆不仅身份显赫，它还具有非常高的艺术价值。它由一整张黄铜薄板制成，镶嵌着金银装饰图案，展现了王子、朝臣、猎人，以及鹰、猎豹等不同的形象，十分精美。

是武器也是艺术品

这把匕首来自印度的莫卧儿王朝，刀柄用玉石雕刻而成，上面还镶嵌着红宝石和祖母绿。最绝妙之处在于刀柄顶端雕刻成了马头的形状，非常传神地刻画出一匹骏马的形象，简直是一件华丽的工艺品。

赛诗会瓷砖壁画

这幅大型壁画由63块瓷砖组成，画面上是两位年轻王子坐在花园里，正在进行一场诗歌竞赛。这幅壁画反映了伊斯法罕宫廷的娱乐生活。

香炉、油灯、喷泉口，它们都被做成了可爱的动物形象。

议会馆
世界各大洲艺术宝库

2000年，120件来自非洲、亚洲、大洋洲、美洲的艺术品在卢浮宫议会馆展出。收藏在这里的藏品可以说是五花八门，它们唯一的共同点是都被归类于原始艺术类。

"杰作生来自由平等"

1827年，法国国王查理十世创建了海洋和民族博物馆，这是外来文明的艺术品首次进入卢浮宫。然而，人们似乎没有意识到它们的艺术价值。1905年，这些藏品流散到法国各地博物馆。

1990年，外来文化专家雅克·柯察奇发表了《杰作生来自由平等》，这是一项由300位艺术家、哲学家、人类学家和艺术史学家签名的宣言。雅克·柯察奇将来自非洲、大洋洲、美洲和东印度群岛的艺术品归类为原始艺术，呼吁卢浮宫能收藏并展出这些艺术品。

献给苟神的雕像

这是目前已知的唯一的真人比例的非洲锻打铁皮雕塑。雕塑师几乎采用了铁器制作的所有工艺，创作出了铁、锻造和战争之神——苟神。

复活节岛摩艾石像

这座巨型头像石雕来自复活节岛，岛上居民把摩艾石像竖立在圣地上，以此希望得到神明的保护。整座石雕大约有5米高，头像高度就占了五分之二。

鱼形面具

人形雕塑

勺

44

卢浮宫议会馆

1996年，法国总统雅克·希拉克下令修建一座原始艺术博物馆，展出来自非洲和大洋洲等地区的艺术品，这就是凯布朗利博物馆。不仅如此，雅克·希拉克总统还宣布将选取部分藏品在卢浮宫进行展出。

选出的120件作品，将它们安放在哪里呢？最终，建于法兰西第二帝国时期，为议会召开会议而建造的议会馆被选为这些来自其他大洲艺术品的专属展出空间。

120件杰作

如今，在议会馆的展厅里，非洲雕塑、玛雅花瓶、复活节岛的头像石雕、北极面具等来自世界各地的艺术品都在这里展出。

从1827年第一次在卢浮宫展出，到2000年120件艺术作品汇聚议会馆，100多年过去了，这些来自其他大洲的艺术品终于等到"杰作生来自由平等"的实现。

长笛

女性雕像

多贡母亲

这个雕塑是在遥远的多贡高地发现的，雕像表情庄重，上面有一层淡淡的红色。

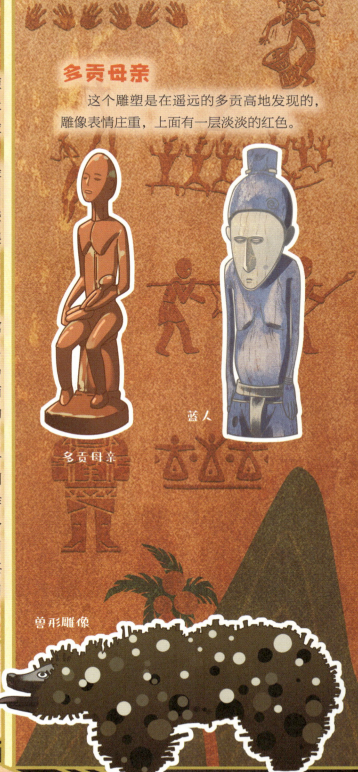

多贡母亲

蓝人

兽形雕像

拿破仑三世套房

法兰西第二帝国的荣光

要说如今最能体现当年作为皇家宫殿的卢浮宫尊贵奢华地位的地方，非拿破仑三世套房莫属。富丽堂皇的装修风格，就连内饰都原封不动地保留至今，里面摆放的每一件物品都非比寻常。

对公众开放

法兰西第二帝国灭亡后，这里成为法国财政部的办公地点。直到1989年，财政部才迁往其他地方。也正是从这一年开始，整座卢浮宫都成为博物馆。1993年，拿破仑三世套房开始对公众开放，并一直保持着最初的样子。

戏剧沙龙

"戏剧沙龙"布置了很多柔软的沙发，既可以作为客厅，也可以随时变为能同时容纳250位宾客的剧院。墙上还有拿破仑三世的皇后玛丽亚·欧仁妮的画像。

轮状三人座椅

这款设计独特的三人座扶手椅还有一个双人座版本，名字叫作"知己"，而多了一个座位的三人版则被戏称为"偷听者"。当时，各种新型家具层出不穷，兼具了实用性和设计性。

国务大臣的专用套房

拿破仑三世套房并不是拿破仑三世给自己打造的住所，而是他为国务大臣准备的专用套房。

1861年，拿破仑三世在新落成的黎塞留侧翼，选定了二楼靠近拿破仑庭院一侧的房间，作为国务大臣的套房，国务大臣与家人就居住在这里。

极尽奢华的内饰

套房由多个房间组成，居所是供国务大臣及家人日常起居的私用空间，整体风格温馨朴素，内饰都十分含蓄典雅。但是主客厅、戏剧沙龙等接待区域则极尽奢华。接待区域采用了大量的仿大理石装饰，天花板垂下巨大的水晶吊灯，内饰也主要以天鹅绒织物为主，并装饰了许多大型油画。一走进这里，满眼都是金灿灿，尽显皇家威严，可以说是拿破仑三世统治时期建筑风格的最佳体现和巅峰之作。

这里是举办各种豪华晚宴和舞会的绝佳场所，就连皇帝夫妇都常常来这里参加各种活动呢。

奢华的餐厅

餐厅也同样奢华，就连餐桌上的每一件物品都彰显着皇室的尊贵。

银烛台

果泥盆或盘架

杜乐丽公园
从王室花园到大众公园

杜乐丽公园位于卢浮宫与协和广场之间，属于卢浮宫博物馆辖区。近500年来，这座位于巴黎市中心的公园就像一颗璀璨的明珠闪闪发光。这里曾经是法国君主和小王子们的游乐场，年轻的路易十三在这里逐鸭猎鸟，拿破仑的儿子曾在小道上玩耍……如今，我们每个人都可以在花园里漫步，感受这份王室的悠闲和浪漫。

杜乐丽公园的历史

1564年，亨利二世的遗孀凯瑟琳·德·美第奇王后在卢浮宫对面的制瓦厂附近建造了一座带花园的宫殿。法语中，"制瓦厂"的音译为"杜乐丽"。因此，新宫殿也得名"杜乐丽宫"。

1664年，杜乐丽宫的花园经过重新设计，向少数身份尊贵的客人开放。1871年，整座园林开始向所有公众开放。同年，杜乐丽宫被一把大火付之一炬，唯有花园幸存至今。

杜乐丽公园布局

杜乐丽公园分为前后相连的三大部分。

大方庭是距离卢浮宫博物馆最近的部分，分布着古典式水池和花坛，点缀着五颜六色的花朵。

走过花坛，就来到了树影婆娑的大林荫区。杜乐丽公园的主干道横穿林荫区。顺着主干道向西远眺，可以看到著名的香榭丽舍大街。

杜乐丽公园最后一部分中心坐落着一个八角形水池，左右两侧各有一处观景台，可以通往环绕公园的露台。靠近塞纳河一侧的露台在河水上涨时，就化身为保护公园的堤坝。

露天博物馆

在公园漫步，游人不仅可以呼吸清新的空气，看看花草树木，更能欣赏到从17世纪直至当代雕塑大师的作品，让这里拥有了"露天博物馆"之称。原来，从18世纪开始，杜乐丽公园中就点缀着许多雕塑。如今，一些艺术馆也会将雕塑展品放在这里展出。易碎的大理石雕塑陆续被搬入卢浮宫展出，它们的复制品则代替原件，继续安放在杜乐丽公园。

与卢浮宫展览交相呼应

从2005年开始，杜乐丽公园的管理和园艺工作就由卢浮宫博物馆来负责。每年春天和夏天，园艺师都会重新设计花坛，与卢浮宫的当季展览或重大活动交相呼应。

艺术之都巴黎畅游指南

　　巴黎的时尚和浪漫毋庸置疑，哪怕单论艺术和历史，这里都足以让你眼花缭乱。毕竟，这是一座连吹过香榭丽舍大街的风和流经塞纳河的水都有艺术气息的城市。

大皇宫国家美术馆

　　大皇宫国家美术馆最初是为迎接1900年巴黎世界博览会而修建的，外观以引人注目的钢框玻璃屋顶为主。如今，大皇宫常用来举办绘画展等各种重大艺术活动。

凯布朗利博物馆

　　位于塞纳河畔、紧邻埃菲尔铁塔的凯布朗利博物馆陈列着来自非洲、美洲、大洋洲和亚洲的原始风格艺术作品，这里是了解"非西方艺术"的好去处。

奥赛美术馆

　　由一座废弃多年的火车站改建而成，收藏了印象派和后印象派运动代表人物——莫奈、凡·高、雷诺阿等大师的作品。

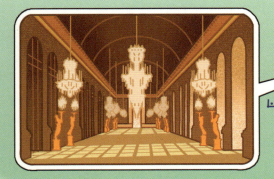

凡尔赛宫

　　巴黎最著名的宫殿之一，如今作为历史博物馆，拥有6万余件藏品。最著名的镜厅，是凡尔赛宫最奢华、最辉煌的部分。

橘园美术馆

　　欧洲最负盛名的美术馆之一，其中，莫奈的《睡莲》组画是这里的镇馆之宝。

　　美术馆还陈设着毕加索、高更、马蒂斯等许多名家的作品，以及著名收藏家保罗·纪尧姆的藏品，非常值得一看。

巴黎歌剧院

　　巴黎歌剧院是折中主义的代表作，将古希腊罗马式柱廊、巴洛克等建筑形式完美地结合在一起，是法兰西第二帝国时期的重要纪念物，对欧洲各国建筑都有很大影响。

　　巴黎歌剧院共有2200个座位，拥有举世闻名的芭蕾舞团和管弦乐团。

蓬皮杜国家艺术和文化中心

　　原色、裸露的管道和钢架让这座现代化建筑成为巴黎最著名的景点之一。因为建筑外观很像一座工厂，因此又有"炼油厂"和"文化工厂"之称。这座现代艺术馆收藏了大量不同流派的绘画和雕刻作品。

巴黎圣母院

　　欧洲早期哥特式建筑的杰出代表，是巴黎最悠久和最具象征意义的地标性建筑之一。建筑本身的雕刻艺术、绘画艺术以及教堂内珍藏的大量艺术珍品都具有非常高的历史文化价值。

图书在版编目（CIP）数据

卢浮宫博物馆 / 聂青著 ; 中采绘画绘 . —— 北京 :
光明日报出版社 , 2024.5
（孩子必看的世界顶级博物馆）
ISBN 978-7-5194-7927-5

Ⅰ . ①卢… Ⅱ . ①聂… ②中… Ⅲ . ①博物馆—巴黎
—少儿读物 Ⅳ . ① G269.565-49

中国国家版本馆 CIP 数据核字 (2024) 第 085831 号

卢浮宫博物馆
LUFUGONG BOWUGUAN

著　者 : 聂　青	绘　者 : 中采绘画
责任编辑 : 徐　蔚	责任校对 : 孙　展
特约编辑 : 邓颖俐	责任印制 : 曹　净
封面设计 : 李果果	

出版发行　光明日报出版社
地　　址　北京市西城区永安路 106 号，100050
电　　话　010-63169890（咨询），010-63131930（邮购）
传　　真　010-63131930
网　　址　http://book.gmw.cn
E - mail : gmrbcbs@gmw.cn
法律顾问　北京市兰台律师事务所龚柳方律师
印　　刷　天津裕同印刷有限公司
装　　订　天津裕同印刷有限公司
本书如有破损、缺页、装订错误，请与本社联系调换，电话：010-63131930

开　本 : 218mm×250mm		印　张 : 3.25
字　数 : 90 千字		
版　次 : 2024 年 5 月第 1 版		
印　次 : 2024 年 5 月第 1 次印刷		
书　号 : ISBN 978-7-5194-7927-5		
定　价 : 49.80 元